Die besten Rezepte für

Milchshakes,

Kaffee & Kakao

auch vegan und laktosefrei

Impressum: Copyright und Verlag Ulrike Steiner,
Graf-Leutrum-Str. 2/4, 71229 Leonberg,
www.ulrikesteiner.de

Mit Milch lassen sich viele leckere Shakes herstellen – da geht noch viel mehr als nur Eiskaffee, Eisschokolade, Bananen- und Erdbeermilch. Lass dich inspirieren von zahlreichen Ideen entweder klassisch mit Milch oder mit Pflanzendrinks deiner Wahl.

In diesem Buch findest du kreative Rezepte für kalte und warme Drinks: Eiskaffee, Dalgona Kaffe, Dirty Matcha, Matcha Latte, Pumpkin Spice Latte, Chai Tee, Goldene Milch, kreative Bananen-, Erdbeer- und Heldelbeerdrinks uvm. Mit Mandeldrink, Haferdrink, Reisdrink und Kokosdrink lassen sich viele köstliche Varianten kreieren, die im Winter angenehm wärmend und im Sommer äußerst erfrischend sind.

Inhaltsverzeichnis

1

Vorwort

In diesem Buch findest du eine Menge Rezepte für heiße und kalte Kaffee- und Kakao-Köstlichkeiten, darüber hinaus auch Anregungen für Chai Latte, Pumpkin Spice Latte und weitere Trendgetränke.

Alle Getränke bzw. Shakes sind mit normaler Kuhmilch, aber auch mit Pflanzendrinks machbar, daher kannst du natürlich ganz individuell entscheiden, welche Art von Milch dir am meisten zusagt. Vielleicht willst du ja auch ein bisschen herumprobieren, denn Mandel- oder Kokosdrink zum Beispiel bringen natürlich einen ganz anderen Geschmack an Kaffee & Co. als zum Beispiel Kuh- oder Sojamilch.

2

Shakes mit Pflanzendrinks

Seit ich vegan lebe – und das ist schon einige Jahre der Fall – bin ich immer wieder am Herumprobieren, was sich mit den unterschiedlichen Pflanzendrinks alles anstellen lässt. Wie macht man eine perfekte Erdbeer- oder Bananenmilch? Welcher Eiskaffee schmeckt gut und was passt am besten zu Kakao?

Dadurch, dass es nicht nur Soja- und Haferdrink gibt, sondern auch Mandel-, Reis-, Kokos- und Cashewdrink, wollte ich ein bisschen experimentieren und die Ergebnisse, die gut waren, habe ich mir notiert. Ich finde, die Möglichkeiten sind ohne Kuhmilch nicht eingeschränkt, sondern deutlich vielfältiger. Passt Kokosdrink zu Kaffee? Passt Mandeldrink zu Erdbeere? Passt Reisdrink zu Bananen?

Eiskaffee, heißer Kaffee, Milchmixgetränke mit Pflanzendrinks, Erdbeer- und Bananenmilch, Shakes, Kakao in den unterschiedlichsten Varianten – bestimmt findest auch du hier deine Lieblingsrezepte!

3

Als Alternative zur Milch:
Reis-, Mandel-, Hafer-, Kokos- oder Sojadrink?

Nicht alle Drinks passen zu allem, finde zumindest ich. Letzten Endes ist das natürlich Geschmackssache. Egal, für welche Sorte du dich entscheidest: Die Barista-Variante sorgt für einen perfekten Schaum. Und wenn du dich mit Haferdrink der einen Marke nicht anfreunden kannst, bedeutet das nicht, dass dir Haferdrink generell nicht schmeckt. Einfach weiter probieren, denn die Geschmacksunterschiede der Drinks sind teils erheblich, obwohl es sich vermeintlich um dasselbe Produkt handelt.

Sojadrink

Sojadrink lässt sich von allen Drinks am besten aufschäumen. Der Schaum ist fest und standhaft, somit ist Sojadrink für alle Getränke geeignet, bei denen du auf eine Schaumkrone Wert legst. Allerdings ist erfahrungsgemäß der Geschmack, aber auch die Qualität des Schaums vom Produkt abhängig. Soja schmeckt leicht nach Bohne, was nicht jedermanns Sache ist. Manche Drinks sind gesüßt, was den Sojageschmack etwas in den Hintergrund treten lässt. Das ist auch bei den Soja-Schoko- und Soja-Vanilledrinks der Fall.

Reisdrink

Pflanzendrinks, die mehr Eiweißgehalt haben, schäumen besser. Daher schäumt Reisdrink so gut wie gar nicht, er enthält nämlich nur 1/10 des Eiweißgehalts von Sojadrink. Reisdrink hat den Vorteil, dass er ganz leicht süß schmeckt, was viele als angenehm empfinden.

Haferdrink

Haferdrink ist sehr vielseitig und sie lässt sich gut kombinieren. Aber auch hier ist je nach Sorte ein leicht getreidiger Geschmack erkennbar, was nicht zu allen Drinks passt und nicht jedem schmeckt. Dafür ist sie leicht süßlich auch ganz ohne Zuckerzusatz – das kommt vom Fermentierungsprozess – und schäumt zumindest ein wenig.

Eine gute Möglichkeit sind die Barista-Varianten, die super schäumen oder die „Wie Milch"-Sorten, die es mittlerweile auch beim Discounter gibt. Der Hafergeschmack tritt hier in den Hintergrund.

Dinkeldrink

Dinkel schmeckt süß und getreidig, sie passt daher gut zu Kaffee. Aufschäumen lässt sie sich ebenfalls ganz gut, der Schaum ist aber nicht wirklich haltbar.

Mandeldrink

Mandeldrink schmeckt ebenfalls süßlich, aber der leichte Marzipangeschmack passt nicht unbedingt in Kaffee. Dafür eignet sie sich für Kakao, Bananen- und Erdbeerdrink, aber auch für Chai-Getränke.

Haselnussdrink

Der Haselnussgeschmack ist hier auffallend. Dieser Pflanzendrink passt super zu Kaffee und Kakao, je nach Geschmack auch zu Chai-Tee.

Kokosdrink

Hierbei geht es nicht um Kokosmilch in Dosen, sondern um das dünnflüssige Getränk. Dieser Drink schäumt nicht und ist etwas wässrig. Zu Bananen- und Beerenshakes passt Kokosdrink aber super, auch Kakao lässt sich damit gut machen.

Eine gute Wahl sind auch gemischte Pflanzendrinks wie Kokos-Reis, Kokos-Mandel oder Soja-Hafer-Drink.

4

Das Mixen der Getränke

In einigen der hier vorgestellten Drinks sind Datteln enthalten, manchmal werden auch Eiswürfel zugefügt. Dann solltest du aber in jedem Fall einen leistungsfähigen Mixer verwenden. Falls du keinen starken Mixer zur Verfügung hast, lass die Eiswürfel weg und gib sie erst nach dem Mixen dazu. Die Datteln solltest du dann ebenfalls weglassen oder aber durch ein anderes Süßungsmittel ersetzen. Eine gute Alternative ist in dem Fall Dattelsirup.

Erdbeermilch

In einigen Rezepten sind Bananen enthalten. Das liegt eher weniger daran, dass das Ergebnis nach Banane schmecken soll, sondern vielmehr daran, dass die Banane noch eine angenehme Süße mit sich bringt.

Variante 1

1 Banane
250 g Erdbeeren
200 ml Mandeldrink oder Milch

Variante 2

300 g Erdbeeren
1 Banane
6 Datteln
200 ml Wasser

Variante 3

400 g Erdbeeren
6 Datteln
200 ml Soja-Vanilledrink

Variante 4

50 g Mandeln
250 ml Wasser
250 g Erdbeeren
Agavendicksaft

Variante 5

200 g Erdbeeren
500 ml Wasser
80 g Cashews oder Cashewmus
Agavendicksaft
3 Datteln
Vanillepulver

Variante 6

500 g Erdbeeren
2 Bananen
200 g (Soja)Joghurt
Bourbonvanillezucker
Eiswürfel

Variante 7

200 g Erdbeeren
150 g ungesüßter (Soja)Joghurt
150 ml Haferdrink oder Milch
etwas Vanillepulver

Bananenmilch

Grundsätzlich sind für Bananenmilch 2 Zutaten vollkommen ausreichend: Bananen und ein beliebiger Pflanzendrink oder natürlich normale Kuhmilch. Besser und abwechslungsreicher wird es aber durch Zugabe von Kokos, Vanille oder anderen Zutaten.

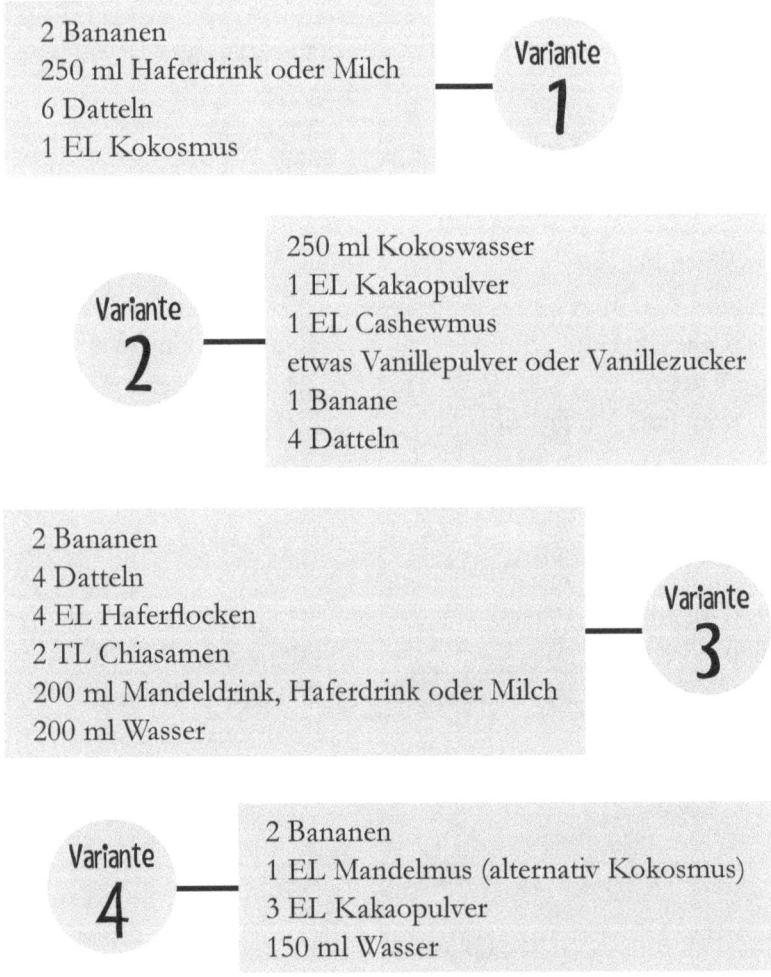

2 Bananen
250 ml Haferdrink oder Milch
6 Datteln
1 EL Kokosmus

Variante 1

250 ml Kokoswasser
1 EL Kakaopulver
1 EL Cashewmus
etwas Vanillepulver oder Vanillezucker
1 Banane
4 Datteln

Variante 2

2 Bananen
4 Datteln
4 EL Haferflocken
2 TL Chiasamen
200 ml Mandeldrink, Haferdrink oder Milch
200 ml Wasser

Variante 3

2 Bananen
1 EL Mandelmus (alternativ Kokosmus)
3 EL Kakaopulver
150 ml Wasser

Variante 4

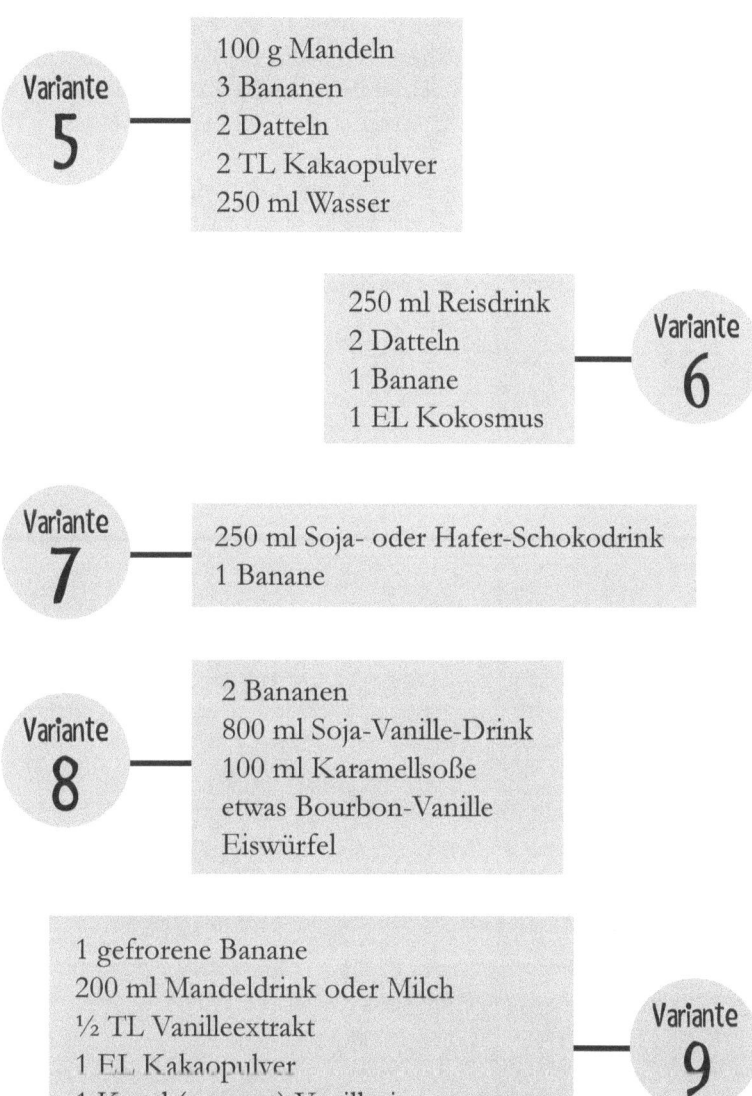

Variante 5

100 g Mandeln
3 Bananen
2 Datteln
2 TL Kakaopulver
250 ml Wasser

Variante 6

250 ml Reisdrink
2 Datteln
1 Banane
1 EL Kokosmus

Variante 7

250 ml Soja- oder Hafer-Schokodrink
1 Banane

Variante 8

2 Bananen
800 ml Soja-Vanille-Drink
100 ml Karamellsoße
etwas Bourbon-Vanille
Eiswürfel

Variante 9

1 gefrorene Banane
200 ml Mandeldrink oder Milch
½ TL Vanilleextrakt
1 EL Kakaopulver
1 Kugel (veganes) Vanilleeis
Etwas Ahornsirup oder Agavendicksaft

Variante 10

150 ml Pflanzendrink oder Milch
50 ml Kokosmilch aus der Dose
3 Datteln
1 Banane
1 EL Kokosmus
1 EL Kokoflocken
nach Belieben 1 EL Maca (Superfood)
Eiswürfel

Heidelbeer- und Brombeermilch

Bei Heidelbeer- und Brombeermilch gilt natürlich dasselbe: Nimm einen beliebigen Pflanzendrink, alternativ Kuhmilch, und mische diesen mit den Beeren. Vollmundiger und süßer wird es aber, wenn du weitere Zutaten zufügst.

Heidelbeer-Shake 1

150 g Heidelbeeren
100 ml Wasser
8 EL (Soja)Joghurt natur oder vanille
150 ml Haferdrink oder Milch
etwas Agavendicksaft
½ TL Vanillepulver

Heidelbeer-Shake 2

300 ml Sojadrink oder Milch
200 ml Wasser
200 g Heidelbeeren
1 Banane
1 TL Kokosmus
3 EL Kokosraspeln oder -flocken
2 TL Agavendicksaft

Heidelbeer-Shake 3

2 EL Hanfsamen
4 weiche Datteln
350 g gefrorene Heidelbeeren
500 ml Wasser

Heidelbeer-Shake 4

1 Banane
200 g Heidelbeeren
120 g (Soja)Joghurt natur oder vanille (alternativ Kokosjoghurt)
120 ml Pflanzendrink oder Milch
Etwas Agavendicksaft

Brombeer-Heidelbeer-Drink

1 reife Banane
je 150 g Heidelbeeren und Brombeeren (oder Himbeeren)
200 ml Kokosdrink
Etwas Agavendicksaft

5

Kakaogetränke kalt und warm

Kakao sind wir meistens im Zusammenhang mit Kuhmilch gewohnt. Falls du die Milch ersetzen willst: Welcher Pflanzendrink passt dazu? Zum Beispiel durch Barista-Haferdrink oder Sojadrink. Das Ergebnis wird schön cremig. Aber auch hier geht noch einiges mehr als der schlichte Kakaodrink. Und zwar sowohl kalt als auch warm.

Erdmandelkakao

200 g Erdmandeln oder Erdmandelpulver
1 EL Kakaopulver
4 Datteln
1 Liter Wasser

Eisschokolade

Je 1 Kugel veganes Schoko- und Vanilleeis
2 TL Kakaopulver ohne Zucker
400 ml Kokosdrink oder Kokos-Reisdrink
1 TL Vanillepulver

Kakao kalt mit Dattelsüße

12 Datteln, alternativ 100 g Dattelsirup
10 g Kakaopulver ungesüßt
500 g Pflanzendrink oder Milch

Heiße Schokolade

450 ml Mandeldrink oder Milch
10 g Kakaopulver ungesüßt
30 g dunkle Schokolade
30 g Kokosblütenzucker

Heiße Schokolade ohne Industriezucker

250 ml Haferdrink, anderer Pflanzendrink oder Milch
1 TL Mandelmus
1 EL Kakaopulver ungesüßt
1 TL Zimt

Alles in einen Topf geben und unter Rühren erhitzen, aber nicht kochen lassen.

Eisschokolade

800 ml Mandeldrink oder Milch
400 g veganes Schokoladeneis
5 TL Kakaopulver
200 ml des Mandeldrinks erhitzen, das Kakaopulver zugeben, gut umrühren, bis sich der Kakao aufgelöst hat. Nun den restlichen Mandeldrink zugeben und mischen. Das Schokoeis auf 4 Gläser verteilen und den Mandelkakao darauf geben.

Kakaogetränk mit Banane

½ Banane
100 ml kalter Mandeldrink oder Milch
1 EL Kakaopulver
50 g Kakaonibs
1 EL Agavendicksaft
Etwas Vanillepulver

Matcha-Shake

½ Banane
2 EL Matchapulver
2 EL Kakaopulver
Vanille
200 ml Hafer-Mandel-Drink oder Milch
2 TL Kakaopulver
2 TL Macapulver
1 TL Kokosmus

6

Kaffeegetränke kalt und warm

Alle nachfolgenden Rezepte kannst du natürlich klassisch mit Kuhmilch zubereiten. Das ist easy, denn Kuhmilch passt nahezu zu allem. Was aber, wenn du eine pflanzliche Milch verwenden willst?

Wer sich vegan ernährt oder für die vegane Ernährung interessiert, kennt das Problem: Welcher Pflanzendrink passt zum Kaffee? Die Umstellung von Kuhmilch fällt hier vielen besonders schwer. Warum? Wahrscheinlich zum einen aus Gewohnheit und zum anderen, weil Mandel-, Hafer-, Kokos- oder Sojageschmack nicht unbedingt zum Kaffeearoma passt. Du musst dich hier in jedem Fall durchprobieren. In diesem Buch soll es aber nicht um den typischen Latte oder Capuccino gehen, denn dafür braucht man kein Rezept. Es geht hier um kreative Kaffeegetränke wie Dolgano Kaffee, Cold brew Kaffee oder Eiskaffee.

Gerade in der warmen Jahreszeit kann Kaffee als Eiskaffee serviert, richtig erfrischend sein. Hier geht es weniger um den klassischen Eiskaffee in Form eines Glases voll Kaffee getoppt mit einer Vanilleeiskugel, sondern ebenfalls um Mixgetränke mit Kaffee, die du vielleicht noch nicht kennst. Genau das Gleiche gilt für die Kakaorezepte, die im Anschluss folgen.

Ein paar Worte zum Kaffee

Du kannst für die hier genannten Shakes einfach deinen gewohnten Kaffee verwenden, oder aber, wenn es ein bisschen stärker sein darf, Espresso.

Für manche Shakes ist es einfacher, lösliches Kaffeepulver zu verwenden. Auch wenn sich bei manchem Kaffeekenner alles dagegen sträubt: Es gibt auch richtig guten und hochwertigen löslichen Kaffee. Probiere dich einfach mal durch und beschränke dich nicht auf die üblichen Billigsorten, die es beim Discounter gibt. Gerade bei den kalten Shakes liegt der Vorteil auf der Hand: Du musst nicht extra Kaffee zubereiten, sondern nimmst einfach gleich das lösliche Pulver.

Kalte und erfrischende Kaffeegetränke

Eiskaffee mit Mandeln

5 TL löslicher Kaffee
100 ml kochendes Wasser
400 ml kalter Mandeldrink oder Milch
100 ml Mandellikör (kann man auch weglassen)
5 EL Mandelmus
300 g Eiswürfel

Eiskaffee

Hafer- oder Sojadrink oder Milch
1 EL Instantkaffee

Hafer- oder Sojadrink als Eiswürfel einfrieren, mit einem EL
Instantkaffee und etwa der gleichen Menge frischer Hafer- oder
Sojamilch mixen.

Eiskaffee

Eiswürfel
Frischer Espresso
Hafer- oder Sojadrink bzw. Milch

Eiswürfel in Glas, frischer Espresso und Hafer- oder Sojadrink
darüber geben.

Kaffee-Shake mit Cashewnüssen

100 ml starker Kaffee
Cashewnüsse
150 ml Haferdrink oder Milch
3 Datteln und
1 Handvoll Eiswürfel mixen.

Eiskaffee mit Mandeln gesüßt

Mandelmilch oder Milch in Eiswürfelbehältern einfrieren, mit
gekochtem Kaffee und Datteln mixen.

Eiskaffee mit Karamellsirup

20 Eiswürfel
1 doppelter Espresso
150 ml Pflanzendrink oder Milch
1 EL Kakaopulver
und 2 EL Karamelsirup mixen.

Eiskaffee mit Vanilleeis

300 ml Kaffee
etwas Zimt
Vanilleextrakt
Agavendicksaft
8 Eiswürfel
250 ml Haferdrink oder andere Milchalternative bzw. Kuhmilch
2 Kugeln (veganes) Vanilleeis

Eiskaffee mit Banane 1

80 g Datteln
100 ml Espresso
2 reife Bananen
40 g Erdnussmus oder -creme
Etwas Zimt
500 ml Soja- oder Mandeldrink oder Milch
20 g Agavendicksaft
200 g Eiswürfel

Eiskaffee mit Banane 2

1 Banane
200 ml kalter Kaffee
100 ml Milch oder Mandeldrink
2 EL feine Haferflocken
Zimt, Vanillepulver
2 EL Kakaopulver
2 EL Carobpulver (alternativ 2 weitere EL Kakaopulver)

Eiskaffee mit Banane 3

1 Banane, tiefgekühlt und in Scheiben geschnitten
2 EL Erdnussbutter
etwas Vanillezucker oder reine Vanille
100 ml kalter Kaffee oder Espresso
100 ml kalte Milch / Hafer- oder Mandeldrink

Eiskaffee mit Haferflocken – Oat-Coffee

2 EL Haferflocken
100 ml starker Kaffee oder Espresso
100 ml (pflanzliche) Milch
ein paar Eiswürfel

Eiskaffee-Shake

Dieses Rezept ist wirklich der Hit: Mit einem Handshaker ist der Kaffee in 2 Minuten fertig; wenn du alles in einen kräftigen Mixer gibst, wird das Eis ganz klein gecrusht und schmeckt ebenfalls super.

200 ml Haferdrink nach Wahl oder Milch
2 EL löslicher Kaffee
Nach Belieben 1 EL Kakaopulver
Süße nach Wahl (geht gut auch ohne)
Eiswürfel

Heiße Kaffeegetränke

Schoko-Kaffee

1 Espresso
200 ml Pflanzendrink oder Milch
1 EL Kakaopulver

Haselnuss-Kaffee-Drink

50 g Haselnüsse oder
Haselnuss-Mus
3 Datteln
3 EL Kakaopulver
200 ml heißes Wasser

2 Tassen Espresso
Alles bis auf den Kaffee mixen,
den Kaffee erst am Schluss
untermischen.

Dalgona Kaffee heiß

Dieses Rezept ist noch recht jung: Es wurde Anfang des
Jahres 2020 zum Trendgetränk in Südkorea und machte
ziemlich schnell die Runde. Im Grunde genommen handelt
es sich um eine Art umgekehrter Cappuccino, bei dem oben
Kaffeeschaum ist und unten die Milch. Der Kaffee wird
deswegen schaumig, weil er mit Zucker verrührt wird. Wichtig:
Das Verhältnis von Kaffee und Zucker muss immer 1:1 sein.
Übrigens kannst du anstatt echten Zucker auch Birkenzucker
oder Kokosblütenzucker verwenden.
Dalgona Kaffee kann mit Gewürzen wie Zimt oder Kardamom
und Kakao verfeinert werden.

2 EL löslicher Kaffee
2 EL Zucker
2 EL kochendes Wasser
200 ml Pflanzendrink oder Milch

Dalgona Kaffee kalt

Das Trendgetränk funktioniert auch als eisige Variante.

2 EL löslicher Kaffee
2 EL Zucker
2 EL kochendes Wasser
300 ml Hafer- oder Sojadrink oder Milch
Eiswürfel

Zucker, Kaffee und heißes Wasser in einem Messbecher vermischen und mit Handmixer schlagen, sodass ein steifer Schaum entsteht. Das kann ein paar Minuten lang dauern. Zum Servieren auf den eisgekühlten Hafer- oder Sojadrink geben.

7

Drinks mit Kurkuma

Goldene Milch

Goldene Milch – so sieht Milch mit Kurkuma eben einfach aus - ist voll im Trend. Das Getränk wird hergestellt mit einem Pflanzendrink deiner Wahl, Kurkumapulver und Süße. Es gibt aber auch Abwandlungen davon.

Goldene Milch - Grundrezept

300 ml pflanzliche Milch oder Milch
2-3 cm frische Kurkuma oder Kurkumapulver
2 cm Ingwer frisch
eine Messespitze Pfeffer
¼ TL Zimt
1 TL Kokosöl
Datteln oder Agavendicksaft für die Süße

Alles zusammen pürieren und wenn es nicht fein genug ist, durch ein Sieb gießen.
Die goldene Milch geht auch warm: Das Getränk einfach erhitzen und mit einem Milchaufschäumer aufschäumen.

Goldene Milch mit Banane

200 ml Mandel- oder Kokosdrink oder Milch
1 EL Kurkumapulver oder ein Stück frischer Kurkuma
1 TL Kokosraspeln
1 Banane

Dattel-Kurkuma-Shake

1 Banane
1 EL Kokosöl oder Kokosraspeln
2 Datteln
200 ml (pflanzliche) Milch
1 TL Kurkumapulver

8

Drinks mit Matcha

Eine Zeitlang war Matcha in aller Munde. Der Hype ist mittlerweile zwar etwas abgeflacht, dennoch kann man mit diesem Pulver super Getränke zaubern. Außerdem ist Matcha eine gute Alternative zu Kaffee mit Garantie zum Wachwerden.

Welcher Matcha eignet sich?

Bei Matcha gibt es in Bezug auf die Qualität und den Preis erhebliche Unterschiede. Der wirklich gute Matcha hat eine hellgrüne Farbe und sollte nicht bitter schmecken. Dennoch ist es natürlich auch Geschmackssache – es bleibt also nichts, als auszuprobieren.

Matcha-Shake

2 TL Matcha
1 Banane
50 g Haferflocken
200 ml Wasser

Matcha-Latte

1 TL Matcha
wenig warmes Wasser
50 ml Pflanzendrink oder Milch
Süße nach Wahl

Matchapulver mit dem heißen Wasser gut vermischen und anschließend alles im Mixer mischen.

Matcha-Frappee

300 ml Pflanzendrink oder Milch
3 EL Süßungsmittel nach Wahl
1 EL Vanillepulver
2 TL Matchapulver
Eiswürfel

Alles im Mixer so lange aufschlagen, bis das Getränk schön cremig ist.

Matcha-Obst-Shake

1 Banane
ein paar Himbeeren oder Heidelbeeren
250 ml Hafer- oder Mandeldrink oder Milch
etwas Süßungsmittel nach Wahl
etwas Vanillepulver
2 TL Matchapulver

Frozen Matcha

1-2 gefrorene Bananen
200 ml Mandel- oder Kokosdrink
1 -2 TL Matchapulver

Alles im Mixer mixen, fertig.

Dirty Matcha

Was kann man sich unter einem dirty Matcha vorstellen?
Fest steht, dass es sich hierbei um ein Trendgetränk handelt.
Er sieht tatsächlich ein wenig aus wie schmutziger Matcha.
Warum? Weil zu dem quietschenden Grün des Matchas auch
noch das Braun vom Espresso dazukommt.

Zutaten:
2 TL gehäuftes Matcha-Pulver
100 ml fast kochendes Wasser
1 Tasse Pflanzendrink oder Milch
1 Espresso
Etwas Süße nach Wahl
für die kalte Variante: Eiswürfel

Zubereitung:
Das Matcha-Pulver mit dem Wasser in einem Glas gut

verrühren; am besten geht das mit einem speziellen Matchabesen oder einem Handschäumer. Als Nächstes kommen der erwärmte Pflanzendrink sowie die Süße hinzu und am Schluss der Espresso. Dadurch ergeben sich drei farblich unterschiedliche Schichten – es sieht aber nicht nur gut aus, sondern schmeckt auch gut.

Dirty Matcha mit Oreo-Keksen – kalt

Dieser Dirty Matcha hat es in sich. Er wird mit Eiswürfeln serviert und ist im Sommer eine willkommene und erfrischende Mischung aus Eiskaffee, Milchshake und Süßigkeit. Unbedingt ausprobieren!

Als Grundrezept dient das vorherige Dirty Matcha Rezept. Zuvor pro Person einen Oreo-Keks grob zerbröseln und ins Glas geben. Danach Matcha-Kaffee-Getränk wie oben beschrieben hinzufügen, allerdings sollte alles nus lauwarm sein. Am Schluss mit Eiswürfeln servieren.

9

Diverse Mixgetränke und Shakes

Nicht Kaffee, nicht Tee: Pumpkin Spice Latte, Chaitee und viele weitere leckere Milchmixgetränke findest du in diesem Kapitel.

Pumpkin Spice Latte

1 starker Espresso
200 ml Haferdrink oder Milch
100 g Kürbispüree aus dem Glas oder selbstgemacht
Pumpkin Spice-Gewürz (aus Zimt, Ingwer, Nelken, Piment und Muskat)
Zucker oder Agavendicksaft nach Belieben

Zuerst den Espresso mit Zucker, Kürbispüree und den Gewürzen vermischen. Die Milch erwärmen, aufschäumen und darüber geben.

Chai Latte

Chai Latte wird in Indien mit der klassischen Masala Chai-Mischung gemacht. Die Teemischung besteht ganz traditionell aus schwarzem Tee, Milch, Zucker und Gewürzen wie Ingwer, Pfeffer, Kardamom und Nelken.
Bei der Chai Latte wird genau diese Teemischung mit Milch oder pflanzlicher Milch ergänzt.

Es gibt zwar zahlreiche Chai-Mischungen auf dem Markt, man kann sie aber auch problemlos zuhause selber machen.

1 Zimtstange
2 Stück Sternanis
je ½ TL schwarze Pfefferkörner und Nelken
1,5 TL ganzer Kardamom
1-2 EL Zucker oder Agavendicksaft
500 ml Pflanzendrink oder Milch
1 EL schwarzer Tee
1 Stück Ingwer, ca. 6 cm

Alle Gewürze ohne Süßungsmittel in einem Mörser zerstoßen. Dann in einem Topf bei mittlerer Hitze erwärmen, sodass diese anfangen zu duften. Den in Scheiben geschnittenen Ingwer sowie 300 ml Wasser zufügen und alles bei mittlerer Hitze zum Kochen bringen. Sobald der Tee kocht, vom Herd nehmen. Erst jetzt kommen der Pflanzendrink und der Zucker dazu, nochmal aufkochen lassen.

Den Schwarztee zufügen und 5 Minuten ziehen lassen. Den Tee durch ein Sieb gießen und servieren.

Chaitee: die schnelle Variante

Hierfür brauchst du fertige, lösliche Chaitee-Mischung, außerdem Schwarztee und Milch oder Pflanzendrink nach Wahl.

Zuerst aus dem Schwarztee einen Tee kochen, dann das Chaitee-Pulver dazugeben. Am Schluss mit Milch oder Pflanzendrink, der aufgeschlagen wurde, servieren.

Chaitee mit fertigen Chaitee-Mischungen

Es gibt auch Chaitee-Mischungen, in denen der Schwarztee bereits enthalten ist.
Dieser Tee lässt sich am schnellsten herstellen:

Koche mit der Mischung einen Tee, süße nach Geschmack und gib (pflanzliche) Milch dazu. Am besten passen hier Hafer-, Soja- oder Mandeldrink.

Dirty Chai

Was es als Matcha im Kapitel weiter oben gibt, gibt es auch als Chai-Variante. Auch hier wird dem Chai einfach ein Schuss Espresso zugefügt, was für den Dirty-Look sorgt.

Zutaten:
250 ml Pflanzendrink oder Milch
1 EL Agavendicksaft oder anderen Sirup zum Süßen
2 Teebeutel Masala Chai
etwas Zimt
1 Espresso

Zubereitung:
Die Teebeutel im Pflanzendrink erhitzen, aber nicht kochen. Herd ausschalten und die Teebeutel etwa 5 Minuten ziehen lassen, dann entfernen. Nun nach Belieben süßen, in eine Tasse füllen und eine Tasse Espresso zufügen.

Horchata mit Zimt

Horchata ist in Spanien, vor allem aber auf Mallorca, bekannt. Es handelt sich dabei um einen Drink, der mit Erdmandeln zubereitet wird. Am einfachsten ist die Zubereitung, wenn du auf gemahlene Erdmandeln zurückgreifst, denn ganze Erdmandeln müsstest du zuerst über Nacht einweichen und dann zerkleinern. Der Geschmack erinnert entfernt an Haferdrink. Erdmandeln sind von Natur aus leicht süß, aber wahrscheinlich nicht jedermanns Sache.

Zutaten:
50 g Erdmandelmehl
200 ml Wasser
Zimt, Kakao und Vanille nach Belieben

Zubereitung:

Erdmandelmehl mit dem Wasser eine Minute lang mixen und dann durch ein Tuch oder einen Nussmilchbeutel abseihen. Es geht auch mit einem ganz feinen Sieb. Danach – so ist es zumindest auf Mallorca üblich – mit Eiswürfeln servieren.

Auf die Deko kommt es an!

Das Auge isst ja bekanntlich mit – oder in dem Fall eher: trinkt mit? Jedenfalls ist eine leckere und ansprechende Deko natürlich das i-Tüpfelchen für deinen Shake.

Du kannst deine Shakes und Drinks nach Geschmack und Belieben dekorieren mit:

* Schokostreuseln, Schokoperlen, Schokoraspeln
* Schokoriegeln
* Kaffeebohnen
* bunten Zuckerstreuseln
* Keksen
* Marsmallows
* Sahne
* Obstscheiben oder -stückchen
* Beeren
* Eiskugeln
* Gummibärchen
* Zuckerstangen
* Zimt, Kakaopulver, Fruchtpulver
* Zimtstangen
* Salzbrezeln
* Karamellsoße
* Fruchtsoße
* Kokosraspeln etc.

Zeitfracht Medien GmbH
Ferdinand-Jühlke-Straße 7
99095 Erfurt, Deutschland
produktsicherheit@kolibri360.de